1 2
CHAMPION
LUP BANQUE
CHAMPION
PLA
SECURITY
SECU

Les foot furieux

Gürsel

Para o campeão
Mathias!
Beijos
2020

Kennes

Kennes
Éditeur
de coups de cœur

Retrouvez-nous sur www.kenneseditions.com

Rejoignez-nous sur notre page Facebook : www.facebook.com/KennesEditions

Suivez-nous sur notre compte Instagram : kenneseditions

Première édition

Rue de la Blanche Borne 15
6280 Gerpinnes (Loverval) – Belgique

Dépôt légal : D/2020/13.105/62
ISBN 978-2-3807-5075-1 | NUART 55-2777-9

Impression : Lesaffre – Belgique

JOIE CONTAGIEUSE

POT!
WOW ! SUPER BUT ! BRAVO, MON GARS !
BRAVOOO ! T'ES LE MEILLEUR !
OUAIS ! SMACK ! SMACK !
T'AS ÉTÉ IMPÉRIAL !
SLAP! SLAP!
VOUS AVEZ VU ÇA, COACH ? YAHOOUU !
BRAVO, BRAVO ! LA GRANDE CLASSE !
SLAP! SMACK! SLAP!
HHH... AAAAA... AAA...
AAAA... TCHOUMMM !
M'ENFIN... QUAND ON A LA GOUTTE AU NEZ, ON N'EMBRASSE PAS TOUT LE MONDE ! TU AS CONTAMINÉ TOUTE L'ÉQUIPE, MAINTENANT ! COMMENT ON VA TERMINER LE MATCH ?
TCHAAAH !
FFROOK ! SNIRRF !
AA... TCHAAAAA !
AAA... TCHIIIIIIIII !

EN PLEIN DANS LE MILLE !

BLINK !
HÉ HÉ HÉ ! T'ES VRAIMENT UN LOSER !
HA HA HA ! ENCORE RATÉ !
BLINK !
PLAF !
PAS DU TOUT ! C'EST EXACTEMENT CE QUE JE VOULAIS FAIRE !

L'IDIOT DE SERVICE

TRIIIIIT ! PENALTY !
TRIIIIIT !
BOT !
PLAF !
AH AH ! JE SUIS VRAIMENT TROP FORT ! YEAAAAAH !
OUAIIIIIS ! QUEL ARRÊT !
T'ES LE MEILLEUR, MON GARS, BRAVO !
MAIS T'ES VRAIMENT TROP CON, TOI !
TRIIIIIIT ! LE BUT EST ACCORDÉ !

BYE BYE COACH

MAIS QU'EST-CE QUE TU FAIS ?! ALLEZ, FAUCHE-LE, VITE !
POT!
PFFF ! UN DE PLUS !
FLOP!
VOUS DORMEZ, MA PAROLE ?! ON N'EST PAS VENUS ICI POUR PIQUE-NIQUER ! FAUT VOUS RÉVEILLER !
REGARDEZ-MOI LE PANNEAU D'AFFICHAGE ! VOUS N'AVEZ PAS HONTE ?! QUAND EST-CE QUE VOUS ALLEZ ENFIN GAGNER UN MATCH ?!
0 5
86:58
EUH, COACH, ÇA FAIT COMBIEN DE MATCHS QUE VOUS PERDEZ COMME ÇA ?
DOUZE !
JE CROIS QUE J'AI LA SOLUTION POUR VOUS. APRÈS LE MATCH, VOUS QUITTEZ LE STADE, VOUS TOURNEZ À DROITE...
... PUIS À GAUCHE. APRÈS 50 MÈTRES, VOUS ALLEZ ARRIVER AU NUMÉRO 23. C'EST JUSTE LÀ !
MAIS QU'IL Y A LÀ-BAS ?
PÔLE EMPLOI !

TEL EST PRIS QUI CROYAIT PRENDRE

ÉCOUTE-MOI BIEN, GRAND ! PSSS PSSS PSSS... ET PUIS PSSS PSSS... OK ?
HÉ HÉ HÉ ! ÇA ROULE, COACH ! FASTOCHE !
TIC !
AÏEUUUUH !
AAAAA...TCHOUM !
MAIS... HÉÉÉÉ !
HOULÀÀÀÀ !
TAF !
TU ES FOU OU QUOI ?! JE T'AI DEMANDÉ DE LES DISTRAIRE POUR DÉSÉQUILIBRER LEUR JEU ! MAIS LÀ, C'EST NOTRE ÉQUIPE QUE TU VIENS DE DÉSÉQUILIBRER, ON SE RETROUVE À DIX MAINTENANT ! IDIOT !

LES GRANDES DOULEURS SONT MUETTES

MI-TEMPS...
0 4
45:00
SLAM!
?
?
BUNK!
PLAF!
SPLAF!
PLOF!
IL N'EST PAS TRÈS BAVARD, LE COACH !
SLAM!
C'EST SA FAÇON À LUI DE DIRE À CEUX QUI ONT UN BUT SUR LA CONSCIENCE QU'IL N'EST PAS CONTENT D'EUX !

AMOUR SUSPENDU

ALLEZ, BON SANG, TIRE AU BUT, TIRE !
ALLEZ, ALLEZ, PASSE À DROITE ! COURS, COURS ! TACLE-LE, VITE !
EUH...
EDEN HAZARD !
NON ?... LUKAKU ? RONALDO ? MODRIC ?
AH NON... KEVIN DE BRUYNE ? KYLIAN MBAPPÉ ?
RYAN BABEL ? ANTOINE GRIEZMANN ? VIRGIL VAN DIJK ? DRIES MERTENS ?
PFF... INUTILE DE LUI RAPPELER QUE C'EST LA SAINT-VALENTIN, LES JOURS DE CHAMPIONS LEAGUE, IL NE PENSE QU'AU FOOT !
CHIPS
CHIPS

C'EST CAISSE !

PRÊT ?
OUI, COACH !
FLAP !
POT !
HÉÉÉ !
PLOP !
POURQUOI TU CHOISIS BÊTEMENT UN CÔTÉ ?! REGARDE LE BALLON !
OK, COACH !
AARGH ! ZUT !
TU ES RAIDE COMME UN PIQUET ! TU N'ES PAS ASSEZ VIF !
ON RECOMMENCE ! ALLEZ, HOP !

JE VAIS APPLIQUER UNE AUTRE TACTIQUE AVEC LUI, IL FAUT LE MOTIVER !
JE COMPRENDS ! COMME TU VEUX !
OK, MAINTENANT, ON VA ESSAYER UNE AUTRE MÉTHODE ! J'AI BESOIN DE TA VOITURE. APPORTE-LA ICI !
EUH... OK, COACH !
RANGE ROVER
OK, C'EST BON ! STOP !
ON PEUT RECOMMENCER !
VOUS ÊTES PRÊTS, LES GARS ?
OUI, COACH, ON A HÂTE !
OH NOOON !
RANGE ROVER
HÉ HÉ ! MAINTENANT, IL EST VIF COMME UNE PANTHÈRE !
BONNE IDÉE, COACH !
BOM !
BOUM !
BOUM !
MA VOITURE !
FIN

HUMEUR VERSATILE

ZOUF !
GOOOOOAAALLL ! QUEL BUT !
HÉ HÉ HÉ !
BRAVO, MEC ! T'ES LE MEILLEUR !
T'ES UN TOP JOUEUR !
?!
CASSE-TOI, PAUVRE CON ! C'EST MA COPINE, DÉGAGE !
PLOF !

C'EST CADEAU !

NOUVELLE ATTAQUE DE PATRICK ! IL EST FACE AU GARDIEN !
WOW ! IL L'A ADMIRABLEMENT PASSÉ ! LE BUT EST VIDE ! ÇA SENT LE GOAL !
YES ! YES ! YESSS !
BRAVO, MON GARS ! SUPER BUT !
YEAAAAAH ! J'AI MARQUÉ, J'AI MARQUÉ !
PAPAAAAA, T'AS VU ?!
RÉVEILLE-TOI, PAPA, IL EST POUR TOI !
HEIN ? QUOI ?

IL FAUT GAGNER LES DUELS AU MILIEU DE TERRAIN ! NE PERDEZ PAS LE BALLON !
AH LÀ LÀ ! MAIS PERSONNE NE M'ÉCOUTE ICI !
OH, LA DÉFENSE, VOUS DORMEZ OU QUOI ?! HÉ, GARDIEN, FAIS GAFFE !
DÉGAGE LE BALLON LE PLUS LOIN POSSIBLE !
YESSS !
GRRR ! ILS FONT TOUT LE CONTRAIRE DE CE QUE JE DIS !
DÉBORDE PAR LA DROITE ! ALLEZ, ALLEZ, EN AVANT !
?
MAIS JE T'AI DIT D'AVANCER, AVANCE ! POURQUOI TU TE RETOURNES ? AARGHH !

VOUS VOUS FICHEZ DE CE QUE JE DIS OU QUOI ?!
FIN DU MATCH...
0 4
90:00
COACH, C'EST QUOI CE CIRQUE ?!
JE N'AI JAMAIS VU UNE ÉQUIPE AUSSI NULLE ! LES JOUEURS COURENT PARTOUT COMME DES POULETS SANS TÊTE !
J'AI TRANSFÉRÉ LES MEILLEURS JOUEURS DU MONDE POUR FORMER CETTE ÉQUIPE ! ON DEVRAIT ÊTRE IMBATTABLES !
ILS SONT TOUS CENSÉS ÊTRE LES PLUS FORTS À LEUR POSTE... POURQUOI ILS SONT AUSSI MAUVAIS ?
POURQUOI ON N'ARRIVE PAS À GAGNER ? C'EST QUOI LE PROBLÈME ?
JE SAIS, MONSIEUR LE PRÉSIDENT...
LE PROBLÈME, C'EST QUE LES JOUEURS NE COMPRENNENT RIEN À CE QUE JE LEUR DIS...
IL ME FAUDRAIT UN INTERPRÈTE QUI CONNAISSE LES ONZE LANGUES ÉTRANGÈRES PARLÉES DANS L'ÉQUIPE !
FIN

QUAND IL Y EN A POUR UN, IL Y EN A POUR TROIS

BONK !
TRIIIIT !
AÏE ! MA TÊTE !
AAAH ! AU SECOURS ! J'AI LE NEZ CASSÉ !
À L'AIDE !
UNE CIVIÈRE, VITE !
DÉPÊCHEZ-VOUS, LE JEU DOIT CONTINUER ! SOIGNEZ-LES DERRIÈRE LA LIGNE DE TOUCHE !
DÉSOLÉ, IL N'Y A QU'UNE SEULE CIVIÈRE ! CELA DIT, CE N'EST PAS FACILE POUR NOUS NON PLUS...

CARAMBOLAGE

AARGH !
FLOF !
BODOM !
FLOF !
ON VA PROCÉDER À UN PETIT ALCOOTEST ! VEUILLEZ SOUFFLER, S'IL VOUS PLAÎT !

BOMBE MIRACLE

67:00
1 0
TRIIIIIT !
AAARGHH !
DÉPÊCHEZ-VOUS ! IL A REÇU UN SACRÉ COUP, LÀ !
CALME-TOI ! QU'EST-CE QUE TU AS AU JUSTE ?
C'EST MON GENOU GAUCHE, J'AI SUPER MAL ! AÏE !
DOUCEMENT, ON VA ARRANGER ÇA TOUT DE SUITE !
PSSHIIT! PSSHIIT!
VOILÀ... TU DEVRAIS POUVOIR REJOUER, MAINTENANT !
IL FAUT QUE VOUS M'AIDIEZ ALORS !
DÉBORDE PAR LA DROITE, OUI ! PASSE PAR LA GAUCHE DU JOUEUR ! DONNE-LUI UN COUP D'ÉPAULE !
YEP ! JE SUIS LÀ, PASSE-MOI LA BALLE !

FAUT PAS L'ÉNERVER !

?
MAIS QU'EST-CE QU'IL Y A ? Y A BUT ET PUIS C'EST TOUT !
VEUILLEZ ATTENDRE ICI, JE VOUS PRIE !
!?
BON, MAINTENANT, TU ME FICHES LA PAIX ! SINON, J'ANNULE TON FOUTU BUT SANS REGARDER !
VOUP!

FAITES CE QU'IL DIT, PAS CE QU'IL A FAIT...

ALLEZ, ALLEZ ! ENCORE CINQ TOURS DE TERRAIN !
PFFF ! J'EN PEUX PLUS !
PFFF... PFFF ! MOI NON PLUS !
ALLEEEZ ! PLUS HAUT, SAUTEZ PLUS HAUT !
PFFF !
PFFF ! PFFF !
HAAAN ! HAAAN ! HAAAN !
ON EST MORTS ! C'EST BIENTÔT LA PAUSE, COACH ?
M'ENFIN, ON A COMMENCÉ IL Y A À PEINE QUINZE MINUTES !
JE ME DEMANDAIS, COACH, VOUS AVEZ ÉTÉ UN TRÈS BON FOOTBALLEUR, MAIS VOUS AVIEZ LA RÉPUTATION DE NE PAS TRAVAILLER BEAUCOUP PENDANT LES ENTRAÎNEMENTS...
EN EFFET !
ET... COMMENT VOUS AVEZ LE CULOT AUJOURD'HUI DE NOUS FATIGUER AUTANT À L'ENTRAÎNEMENT ?
JE T'EXPLIQUE !
SOYEZ AUSSI DOUÉS QUE MOI ET VOUS N'AUREZ PAS À TRAVAILLER !

ARRÊTS AÉRIENS

TAF!
BOT!
PLOK!
PLOF!
SLAM!
PLAF!
MAINTENANT, TU FAIS MOINS LE MALIN HEIN, TRICHEUR ?!

TOMBER LE MAILLOT

GOOAAAALLL!
YEEEEAAAAH !
WOOOOOW ! ÇA, C'EST UN MEC !
HÉ HÉ HÉ !
Z'AVEZ VU LA BÊTE ?!
OUAAAIIIS !
?
HÉ ! POURQUOI UN CARTON JAUNE ?
VOUS SAVEZ TRÈS BIEN QUE C'EST LE PRIX À PAYER POUR ENLEVER SON MAILLOT !
MAIS JE NE SUIS MÊME PAS TORSE NU, J'AI MIS UN T-SHIRT IMPRIMÉ EN DESSOUS, REGARDEZ !

EN GRÈVE

QU'EST-CE QUI SE PASSE ? QU'EST-CE QUE TU AS ?
AAAAAH ! J'AI UNE CRAMPE ! ÇA FAIT MAAAL !
CALME-TOI, GAMIN ! J'APPELLE LA CIVIÈRE !
ON Y VA ! ET DÉPÊCHONS-NOUS ! IL DÉGUSTE, LÀ !
OK, COACH !
?
ÇA DEVRAIT ALLER MIEUX, EN PRINCIPE !
ON FAIT CE QU'ON PEUT, GRAND ! TU POURRAS CONTINUER ?
OUI, JE PENSE, COACH !
TRIIIIIIIIT !
VITE, IL A PRIS UN VILAIN COUP AU GENOU, LÀ !
J'ESPÈRE QU'ON POURRA L'AIDER !
TIENS BON, MON GRAND ! LA GLACE DEVRAIT TE FAIRE DU BIEN !
ÇA FAIT TROP MAL, COACH ! JE NE PEUX PAS CONTINUER !
HEY ! POURQUOI C'EST VOUS QUI LE PORTEZ ? IL N'Y A PAS DE CIVIÈRE ICI ?
SI, SI, ELLE EST LÀ, MAIS ILS SONT EN GRÈVE !

MERCI QUI ? MERCI LE VAR !

SBAM !
AAARGH !
?
MMM !
VAR
VAR
LA VOILÀ ! JE L'AI RETROUVÉE !

CHAUFFE, MARCEL

CE N'EST PAS UN MATCH FACILE AUJOURD'HUI, MAIS J'ESPÈRE QU'ON VA GAGNER.
ALLEZ, LES GARS ! ON S'ÉCHAUFFE COMME IL FAUT, C'EST IMPORTANT !
ON A PERDU LE MATCH ALLER. ON DOIT PRENDRE NOTRE REVANCHE !
ÇA VA ALLER ! REGARDE COMME ILS ONT LA NIAQUE !
MAIS JOUEZ, BON DIEU ! BOUGEZ UN PEU ! VOUS ÊTES VENUS PIQUE-NIQUER OU QUOI ?!
C'EST QUOI CETTE PASSE ?! FRAPPE PLUS FORT DANS LE BALLON, ANDOUILLE !
COURS ! COURS ! COLLE-LE !
HÉÉÉ, L'ARBITRE !...
NOTRE SAAANG COULE ROUUUGE ET BLEEEEU ! ON EST TOUS ENSEMBLEEE ! ON EST TOUS ENSEMBLEEEUUUHH !
MAIS CALME-TOI ! LE MATCH N'A PAS ENCORE COMMENCÉ. POURQUOI TU CRIES COMME ÇA ?
HOUUUUUU ! HOUUUUUU ! VENDUUUU !
BEN QUOI ? MOI AUSSI, JE DOIS M'ÉCHAUFFER AVANT LE MATCH !

ÇA S'EN VAR ET ÇA REVIENT

?
J'AI RIEN FAIT !
PENALTY !
M'ENFIN, JE NE L'AI PAS TOUCHÉ !
SI, TU L'AS TOUCHÉ ! J'AI TOUT VU !
VOUS N'AVEZ RIEN VU DU TOUT !
MAIS PUISQUE JE VOUS DIS QU'IL S'EST JETÉ PAR TERRE !
TAISEZ-VOUS !
FAITES APPEL AU VAR, ALORS !
MAIS OUI ! CONSULTEZ LE VAR !
NON, NON ET NON ! MA DÉCISION EST FERME ET DÉFINITIVE !
QU'EST-CE QUE ÇA PEUT VOUS FAIRE DE DEMANDER LE VAR ?
TU VAS LE REGARDER, CE FICHU VAR, OUI OU MINCE ?! IL N'Y A PAS FAUTE, ON TE DIT !

CHACUN SON TOUR

HÉÉÉÉ !
HOOOO !
TRIIIIIIIIT !
FAUTE !
HALTE-LÀ ! LE COUP FRANC EST EN NOTRE FAVEUR ! DÉGAGE !
À NOUS DE JOUER, POUR UNE FOIS ! ELLE EST POUR TOI, CHARLES-ÉDOUARD !
TRÈS JOLIE PASSE, ARTHUR ! JE VAIS LEUR ENVOYER UNE FUSÉE EN PLEINE LUCARNE !

COMME DANS UN JEU DE QUILLES

16 25
2 1
89:00
IL FAIT EXPRÈS DE TRAÎNER, LÀ !
ALLEZ, DEHORS ! GROUILLE-TOI !
ARRÊTE TON CINÉMA !
PLUS VITE, BORDEL !!
RRAAH !
SLAPSSSS !
STRIKE !
OUAIS ! BIEN JOUÉ, GROS !

ÇA URGE !

OUCHHHHHHH !
OUILLOUILLOUILLE !
VIIIIIIIIITE !
C'EST VRAIMENT URGENT ? TU ES SÛR ?
OUIIII, COACH !
VITEEEEEE...
PSSS... NUMÉRO 8... PSSS... PSSS... OK ?
DÉSOLÉ, LES GARS ! C'EST VRAIMENT TROP PRESSANT ! JE SERAI DE RETOUR DANS DIX MINUTES...
8 > WC

CHEVEUX LONGS, VISION COURTE

PFFFFF !
PFFFFF !
?
FLAP !
PFFFFF !
?!
POT !

DANS LE DOUTE, ABSTIENS-TOI

FLAP! FLAP! FLAP! FLAP!
MAIS QU'EST-CE QUE TU FICHES ? Y A FAUTE POUR QUI, À LA FIN ?
EUH… JE N'ARRIVE PAS À ME DÉCIDER !

MALENTENDU

?
POUR VOUS, REFEREE !
?
MAIS VOUS ÊTES SOURD OU QUOI ?!
PLAF !
SI VOUS VOULEZ JOUER AU CON, ON SERA DEUX !
?
OU PLUTÔT TROIS, DEHORS !
QU'EST-CE QUI VOUS A PRIS ? VOUS ÊTES DEVENUS FOUS ?!
MAIS C'EST VOUS QUI NOUS AVEZ DEMANDÉ DE JOUER AVEC L'ARBITRE ! SOI-DISANT POUR QU'IL SIFFLE DES FAUTES POUR NOUS !

COUP DE CHAUSSURE DE RÉPARATION

POT!

SANS C'EST MIEUX QU'AVEC

BOT!
PFFFF !
BOT!
AAARRGHH !
CE COUP-CI, JE LA METS DEDANS !
?
FLÛTE DE ZUT !
ZOUF!
YESSSSS !
JE N'EN AI PLUS BESOIN, COACH ! JE VAIS FINIR LE MATCH COMME ÇA !

ACTORS STUDIO

?
?
HAAAAAN !
AÏE ! AÏE !
OUCH ! OUCH !
OUILLOUILLOUILLE !
À L'AIDE, À L'AIDE !
ATTENDEZ, MONSIEUR ! NE LUI MONTREZ PAS TOUT DE SUITE UN CARTON...
ON AIMERAIT D'ABORD LUI REMETTRE UN OSCAR POUR SA PERFORMANCE D'ACTEUR ! SACRÉ COMÉDIEN, NON ?

APPELONS LES CHOSES PAR LEUR NOM

BOM!
MAIS QUEL CON !
POT!
IL EST VRAIMENT TROP CON ! IL RUINE LES EFFORTS DE TOUTE L'ÉQUIPE !
JE VAIS FAIRE UN CHANGEMENT !
QUEL JOUEUR SORT, COACH ?
BAH !
À VOTRE AVIS ? LE CON, ÉVIDEMMENT !
CON 13

ON A LES SUPPORTERS QU'ON MÉRITE

PAF!
FLAP!
POP!
HÉÉÉ, ARBITRE !
VOUS ÊTES LE CAPITAINE, C'EST À VOUS DE LEUR PARLER, VITE !
OK, ÇA VA, JE VAIS LEUR DIRE DEUX MOTS !
HÉÉÉ ! VOUS ÊTES VRAIMENT NULS COMME SUPPORTERS ! VOUS N'AVEZ PAS ÉTÉ FICHUS DE LE TOUCHER UNE SEULE FOIS !
GO GO
ULTRA FUNS
ALLEZ

CORONAVIRUS

AAA...
AAAAA...
AAAAT...CHOUUUM!

DISTANCIATION SOCIALE

C'EST QUOI ÇA POUR UN MUR ?!
MAIS ON DOIT RESPECTER LA DISTANCIATION SOCIALE !

LE JEU SANS BALLON

PFFF ! C'EST LE DERNIER ! OUF !
IL NE ME RESTE PLUS QU'À ME CHANGER !
AH, SUPER ! VOTRE PAPA A FAIT LE PLEIN DE PAPIER TOILETTE !
OUAIS !
GÉNIAL !
CEUX QUI SENTENT LA FRAISE SONT POUR MOI !
?
AH OUI MAIS NON ! PAS TOUCHE ! C'EST POUR MOI, J'EN AI BESOIN !
LE CHAMPIONNAT ÉTANT À L'ARRÊT, CE SERONT MES OUTILS DE TRAVAIL PENDANT TOUTE LA DURÉE DU CONFINEMENT !

TÉLÉTRAVAIL

OUAIIIS, BIEN JOUÉ, PASCAL ! TIRE AU BUT MAINTENANT !
TRÈS BELLE FRAPPE ! CONTINUE COMME ÇA !
PLUS HAUT, VINCENT ! SOULÈVE TON GROS CUL !
HOOOOO, PHIIIIL ! TU TE CROIS EN VACANCES ?! OÙ EST TON PQ ?!
OUAIIIIIS ! C'EST PARFAIT, COMME D'HAB, MOUSSA !
SUPER ARRÊT, GARDIEN ! BRAVO !
MATHIEU ! TU T'ES ENCORE EMMÊLÉ LES PINCEAUX ?! ALLEZ, RÉESSAYE !
OK, LES GARS ! LE TÉLÉ-ENTRAÎNEMENT, C'EST FINI POUR AUJOUR'HUI ! J'ÉTEINS LES CAMÉRAS, VOUS POUVEZ PRENDRE VOTRE DOUCHE !
ON A TROP BIEN FAIT DE FAIRE DES RÉSERVES DE PQ, COACH ! AINSI, LES JOUEURS GARDENT LA FORME PENDANT LE CONFINEMENT.

EN MANQUE

YES ! PERSONNE !
ÇA M'A TROP MANQUÉ !
TRIIIIIIIIIITTT !
RESTE CHEZ TOI, ON A DIT !!!

L'ART DE SE RENVOYER LA BALLE

PASSE-MOI LE BALLON !
VOILÀ, P'PA !
OUAIS ! SUPER PASSE, FISTON !
TIRE AU BUT, ALLEZ, TIRE !
HOP !
HOP !
ET...
H... ZUT ! RATÉ !
BOM !
QUI A FAIT ÇA ?!
LUI !
LUI !
OK ! JE FAIS APPEL AU VAR ! ET GARE AU MENTEUR !

FAUTE NÉCESSAIRE

GRRR !
NE VOUS EN FAITES PAS, COACH ! JE M'ENTRAÎNE À LA MAISON, COMME CONVENU !
HOP !
RRAAAH !
HOP !
PLOF !
HOP !
AAARGH !
HÉÉÉ ! Y A FAUTE, LÀ !
RENDS-MOI ÇA !
HORS DE QUESTION !
JE M'EN FOUS DE TA FAUTE ! JE SUIS TROP PRESSÉ ! JE VAIS ME FAIRE DESSUS SI ÇA CONTINUE ! Y A PLUS DE PQ LÀ-BAS !

FIN DE CONFINEMENT

PFFF ! PFFF !
HELP, REFEREE ! Y A FAUTE, LÀ !
PFFF ! DÉSOLÉ, JE FAIS CE QUE JE PEUX ! QU'EST-CE QUI S'EST PASSÉ ICI ?
IL A POUSSÉ MON ÉQUIPIER ! IL FAUT APPELER LES SOIGNEURS POUR NOUS AIDER À LE REMETTRE DEBOUT !
HELP !
PASSE-MOI LE BALLON ! VITE !
PFFF ! PFFF !
AAAH ! J'AI PERDU L'ÉQUILIBRE !
AAAH ! JE NE VOIS PLUS LE BALLON !
PFFF ! CE MATCH VA ÊTRE LONG, TRÈS LONG !
C'ÉTAIT UNE MAUVAISE IDÉE DE REPRENDRE LE CHAMPIONNAT DÈS LA FIN DU CONFINEMENT !
OUAIS, COACH, IL AURAIT FALLU ATTENDRE AU MOINS SIX MOIS !

AUCUN RISQUE

YESS !
OK, REFEREE, ÇA PREND DU TEMPS, MAIS DEPUIS LE CORONAVIRUS, ON NE PEUT PLUS CÉLÉBRER UN BUT EN SE JETANT LES UNS SUR LES AUTRES !

TOUTES LES PRÉCAUTIONS RESTENT D'USAGE

BONK !
TRIIIIIIT !
?
?
QUE PERSONNE NE BOUGE !
FROT ! FROT !
FROT ! FROT ! FROT ! FROT ! FROT !
ÇA, C'ÉTAIT POUR VOTRE SANTÉ !
ET ÇA, C'EST POUR LA FAUTE ! JOUEZ, MAINTENANT !
PSSCCH !

CÉRÉMONIE POST-CORONAVIRUS

CHAMPIONS

DU MÊME AUTEUR CHEZ KENNES

LES FOUS FURIEUX DU
RUGBY

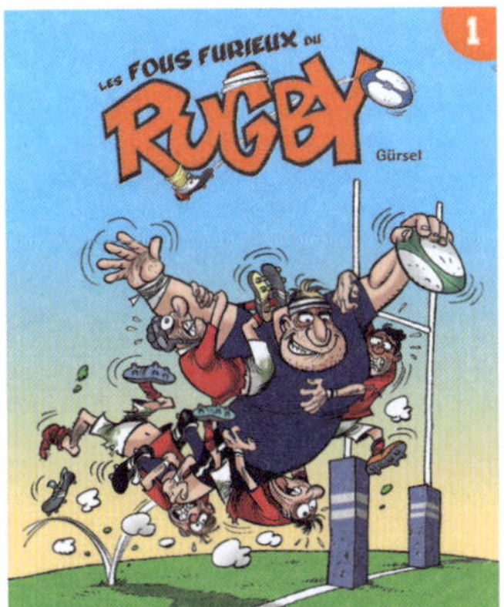
1
LES FOUS FURIEUX DU
RUGBY
Gürsel

2
LES FOUS FURIEUX DU
RUGBY
Gürsel

adadaz
4
10